# TYPES DE PEUPLES

## DE

# L'ANCIENNE ASIE CENTRALE

---

## SOUVENIR DE L'IÉNISSÉI

DÉDIÉ

À LA SOCIÉTÉ IMPÉRIALE D'ARCHÉOLOGIE
DE MOSCOU

LE 20 (8) JANVIER 1890

PAR

## J. R. ASPELIN

ARCHÉOLOGUE DE L'ÉTAT, DEPUTÉ DE LA COMMISSION D'ARCHÉOLOGIE
ET DE LA SOCIÉTÉ D'ARCHÉOLOGIE DE FINLANDE

# TYPES DE PEUPLES

## DE

## L'ANCIENNE ASIE CENTRALE

SOUVENIR DE L'IÉNISSÉI

DÉDIÉ

À LA SOCIÉTÉ IMPÉRIALE D'ARCHÉOLOGIE
DE MOSCOU

LE 20 (8) JANVIER 1890

PAR

## J. R. ASPELIN

ARCHÉOLOGUE DE L'ÉTAT, DÉPUTÉ DE LA COMMISSION D'ARCHÉOLOGIE
ET DE LA SOCIÉTÉ D'ARCHÉOLOGIE DE FINLANDE

HELSINGFORS
IMPRIMERIE DE LA SOCIÉTÉ DE LITTÉRATURE FINNOISE
1890

Dans un avenir prochain ce sera la tâche de l'archéologie comparée, dans l'Asie centrale, ce berceau de tant de peuples, de démêler les différentes couches de civilisation qui ont varié pendant des milliers d'années, et d'en dresser une carte au profit de l'histoire universelle. Nous avons un avantage remarquable en ce qu'une partie de ces couches de civilisation du temps de l'âge du bronze comme de celui du fer, nous offre aussi des matériaux linguistiques dans les inscriptions qui ont été découvertes dans ces derniers temps. Les couches ethnographiques, dont l'archéologie poursuit la recherche, seront alors linguistiquement déterminées par un déchiffrement de ces inscriptions. Il sera alors bien plus facile de trouver le rapport de ces couches avec les foyers mieux connus de la civilisation du sud-ouest de l'Asie, comme le prouvent les indices archéologiques et épigraphiques.

Ceux qui s'adonnent à ces recherches ne doivent pas oublier que ces inscriptions, outre leur importance spécialement linguistique, en ont probablement une plus grande encore pour l'histoire. Cette signification peut être perdue si l'on omet de préciser avec soin le lieu où elles ont été découvertes et les monuments archéologiques avec lesquels elles ont une liaison. Il suffit de se rappeler les grandes pertes que l'archéologie a faites par suite de ce que les statues de pierre trouvées dans la Russie méridionale ont été transportées des lieux où elles furent trouvées sans cette détermination, sans qu'on puisse maintenant reconnaître les tombeaux qu'elles surmontaient et qui représentaient vraisemblablement une couche de civilisation d'une importance inestimable pour l'histoire de la migration des peuples. Il faut se rappeler aussi les précieux vases d'argent de

Perm dont la valeur historique n'est pas moindre que leur signification artistique en ce qu'ils témoignent des relations commerciales des anciens temps; ce témoignage a dépendu exclusivement de ce que les lieux où ils ont été trouvés ont été précisés. Dans tous les cas semblables un intérêt particulier peut causer à la science des pertes irréparables.

Comme mes fonctions m'empêchent désormais de porter à ces objets l'intérêt avec lequel je les ai traités jusqu'à présent, je profite de cette occasion pour choisir parmi les matériaux que les expéditions finlandaises ont pu recueillir, au moins quelques types d'anciens peuples, qui ont frappé mes regards pendant mes recherches sur l'Iénisséi supérieur. Je ne doute pas que des recherches comparatives ne réussissent tôt ou tard à préciser les couches de civilisation que ces types représentent.

Les murs de rochers à pic et les innombrables pierres tumulaires à surface de grès lisse et molle des districts de Minousinsk et d'Atchinsk ont donné aux anciens habitants une occasion superbe pour graver leurs figures, occasion dont ils ont largement profité. Mais il faudra de nombreux matériaux consciencieusement copiés, beaucoup d'énergie et de perspicacité pour pouvoir deviner les idées qui forment le fonds de ces représentations primitives et variées d'hommes, d'animaux et de signes divers, qui ont été travaillés, comme on le voit aux contours incertains, avec un marteau pointu, sans appui, et rarement au ciseau et au marteau. Parfois on peut d'après la position des figures par rapport l'une à l'autre, en voyant un arc tendu ou certains indices analogues, en déduire une action, comme par exemple lorsqu'on voit sur un mur de rochers voisin de l'inscription de Souliek une figure de femme et à côté un homme qui fait partir sa flèche dans la direction d'un cavalier qui s'enfuit, probablement un rival. Quelquefois une pierre de tombeau est munie de plusieurs excavations destinées aux sacrifices et de canaux qui servaient à conduire le sang ou la graisse des victimes d'une excavation à l'autre. Un lieu de sacrifice facilement reconnaissable se trouve sur une montagne, à droite d'Abakàn, en face de l'oulous d'Apak. C'est une pierre plate qui saillit de la montagne couverte de verdure et où sont gravées des figures d'animaux et creusées les rigoles de différentes longueurs qui servaient à conduire le sang dans les trous à sacrifice pratiqués sur toute la pierre inclinée.

Quoiqu'il soit difficile, à cause de la grossièreté des représentations, de faire une distinction entre les figures anciennes et celles d'un âge plus récent, si même elles se trouvent sur la même pierre, on pourrait cependant supposer, avec Castrén et Radlow, que ces figures gravées ont été faites pour la plupart par le même peuple qui a élevé les monuments des tombeaux des steppes, et qu'elles représentent les exploits des morts, leurs ustensiles, leurs relations, etc. C'est pourquoi il faut regretter dans l'intérêt de la science qu'il y ait des collectionneurs d'antiquités, qui ont fait casser les pierres des tombeaux les plus remarquables pour pouvoir en emporter des morceaux gravés pour leur collection, sans penser que la signification scientifique de ces monuments dépend de leur relation avec les tombeaux sur lesquels ils ont été dressés. Quoique les figures primitives en question ne se retrouvent pas sur toutes les pierres des tombeaux, on peut cependant, dans les steppes, en rencontrer plusieurs milliers. Au sud des montagnes de Sayan elles sont, aussi bien que les pierres des tombeaux, relativement peu nombreuses.

On rencontre aussi, quoique plus rarement que les inscriptions, des représentations faites par une main plus habile. On peut citer ici quelques représentations en bas-reliefs dont les plus remarquables se trouvent sur les deux pierres connues par les copies de Spassky et qui méritent d'être épargnées pour la science; elles sont dans un état bien endommagé dans le village de Askys près d'Abakàn. De la ligne de chameaux qui étaient représentés sur une des pierres il ne reste que quelques figures, parce que cette pierre est employée depuis des dizaines d'années comme marche d'escalier dans le susdit village. Mais quelques contours de figures gravées sur des grès tendres et qui nous donnent une idée de types de peuples disparus, ont un intérêt encore plus grand pour les recherches scientifiques. C'est de ces figures que nous voulons nous occuper un instant.

Quoique les scènes qui sont représentées sur la montagne de Kisil-Kaya non loin de l'oulous Kobilkov près d'Ouibat, soient en général gravées d'une manière primitive et possèdent rarement des contours marqués, nous devons cependant nous y arrêter, parce qu'ils nous donnent une idée d'un type particulier de costume. Ces scènes sont séparées par une saillie de la montagne en deux groupes différents. L'un d'eux, qui parait représenter l'usage des chaudrons de bronze connus, en forme de vases, pour des opérations de magie, a déjà été reproduit.[1]) Il y a cinq chaudrons près de chacun desquels se tient un sorcier qui en remue le contenu avec une crosse dont la partie inférieure est en forme de croix, tandis que du côté opposé une autre personne, le consultant, visiblement effrayée, une main tendue s'éloigne du chaudron à reculons. Deux personnes qui vont

Fig. 1. Ouïbat, Kisil-Kaya.

en traineau, des cavaliers et des piétons, dont l'un s'appuie sur un bâton (peut-être en signe de sa faiblesse), paraissent s'approcher de cet endroit. Le second groupe, dont la plus grande partie a été détruite par une mousse noire qui a rongé la pierre, représente une troupe de cavaliers, au nombre d'au moins sept, qui semblent se préparer au départ, à en juger par un garçon qui tient encore un cheval; seulement un des cavaliers tend un arc, probablement pour donner une idée du but de cette expédition. Dans ces représentations tous les cavaliers et aussi deux des piétons du premier groupe portent sur la tête une sorte de plumet (fig. 1) qui est parfois clairement

---

[1]) *Inscriptions de l'Iénisséi*, fig. 4.

indiqué par six raies gravées qui tombent en arc du sommet de la
tête en avant et en arrière, trois de chaque côté. En ce qui con-
cerne les vêtements, les figures faites d'une façon primitive permet-
tent seulement de remarquer que les jambes libres portent à croire
que ce peuple ne portait pas de longs vêtements. En revanche
on voit une forme originale de selle en profil qui est souvent bien
marquée; les jambes pendantes des cavaliers ne paraissent pas sou-
tenues par des étriers.

A en juger par les scènes des chaudrons, je suppose que les
représentations de Kisil-Kaya nous donnent l'image du peuple de
l'Iénisséi de l'âge du bronze, ce peuple mystique dans les tombeaux
duquel on a trouvé des traces visibles d'une civilisation propre, mais
on n'a pas encore trouvé de témoignages de leurs relations avec
d'autres peuples civilisés, pas même avec les Chinois. Il est très
vraisemblable que les traits ondulés qui représentent la parure dans
beaucoup des statues de pierre de l'Iénisséi supérieur reçoivent leur
explication par les sortes de plumets dont on a déjà parlé, comme
les lignes transversales du visage des statues ont été expliquées par
un tatouage pareil trouvé sur des masques de plâtre déterrés de tombeaux de l'âge du bronze. Au point de vue de la comparaison il
est à remarquer qu'une scène de chaudrons du même genre se trouve
parmi les images grossièrement sculptées du rocher à inscriptions
qui est près de l'oulous de Souliek.[1]) Sur l'Iénisséi on ne connait
pas d'étriers de l'âge du bronze.

Nous trouvons des contours bien mieux gravés et qui témoignent d'une main habile sur quelques pierres tumulaires et sur un mur
de rochers dans le voisinage de l'oulous de Podkamen près de Kara-
Ious et sur une pierre tumulaire du groupe de tombeaux de Tchaa-

---

[1]) Inscriptions de l'Iénisséi, fig. 5, 7 et autres. M:r W. Radlow a reconnu
un mineur de l'âge du bronze dans une statuette de bronze de l'Ermitage Impér-
ial, et il a aussi reconnu pour un chasseur de la même époque une figure d'homme avec deux chiens représentés en bas-relief sur une plaque de bronze de l'Al-
taï. La première figure me rappelle plutôt les peuples polaires actuels de la race
Samoyède. Quant à la plaque de bronze, je lui trouve plutôt quelque analogie
avec les miroirs de bronze orientaux de l'âge du fer qu'avec les productions de
l'âge du bronze. *W. Radlow, Aus Sibirien II,* pages 81, 89, 97—99, pl. 4.

taz près de Tachebá. Ils nous représentent aussi un type de peuple facile à reconnaître. J'en ai déjà donné les copies prises de deux pierres tumulaires de Kara-Ious [1]). Sur l'une de ces copies on voit un homme descendu de son cheval et l'on peut supposer, d'après le dessin, qu'il vient d'accoucher un enfant. Il est entouré de plusieurs instruments et les cheveux qui lui pendent en mèches sur la nuque témoignent que c'est un vieillard. Plus loin on remarque deux chevaux de selle détachés et courants et deux tireurs d'arc qui lancent leurs flèches dans la même direction; encore plus loin il y a

Fig. 2, 3. Kara-Ious, Podkamen et Orgâ.

un chaudron en forme de vase dont les contours paraissent avoir été gravés de la même main qui a tracé les autres figures. Sur une autre pierre tumulaire du voisinage on voit les contours d'une figure de prêtre (fig. 2) et une semblable mais incomplète. Les dessins sont visiblement très anciens, mais pour savoir s'ils sont du même âge que les tombeaux de la steppe de l'espèce ordinaire, à laquelle les pierres appartiennent, il faudrait explorer les tombeaux. Malheureusement je n'en ai pas eu le temps pendant mes voyages.

Sur un mur de rochers de la montagne d'Orgâ entre Kara- et

---

[1]) *Inscriptions de l'Iénisséi*, fig. 12 et 13.

Ak-Ious sont représentés des sujets religieux. Parmi plusieurs objets du culte, certainement d'un grand intérêt comparatif, on remarque entre autres un piédestal bas sur lequel est placé un animal ressemblant à un agneau. Non moins de quatre prêtres (fig. 3), du même genre que celui dont nous venons de parler sont représentés ici. L'un d'eux amène un cheval suivi d'un autre prêtre. Parmi les figures on voit plusieurs chevaux courant marqués à la cuisse d'une façon distincte, un tireur d'arc (fig. 4) vêtu du costume traditionnel, etc. Sur le penchant la montagne, au-dessous du mur de rochers, on trouve plusieurs cairns de la même espèce que ceux des Kirghises.

Les dessins gravés sur les pierres tumulaires de Tachebá représentent un cheval en liberté et un cavalier armé d'une lance, mais ils ont la tête en bas, ce qui prouve que ces dessins ont été faits avant l'érection de la pierre. A en conclure par l'apparition du cavalier, il appartient aussi au groupe du peuple en question.

Le costume léger et collant qui distingue les individus de ce type de peuple est aussi digne de remarque. Les contours seuls permettraient à peine de conclure que les piétons portaient un bonnet en forme de calotte, rond ou pointu, des culottes avec ou sans tunique collante; seulement le cavalier (fig. 5) parait porter un vêtement long serré à la taille. Un carquois était attaché à la ceinture, et peut-être aussi à en juger par quelques figures, un bouclier rectangulaire [1]).

Ma supposition que ce type de peuple est celui des Hakas est basée sur la figure du cavalier dout on a parlé, qui provient d'un

Fig. 4. Kara-Ious, Orgâ.

---

[1]) *Inscriptions de l'Iénisséi*, fig. 12.

groupe de tombeaux de steppe portant le nom de Tchaa-taz (pierres de guerre). On peut envisager ces tombeaux comme un type de transition entre les tombeaux ordinaires de steppe et les cairns des Kirghises sur les montagnes; ce sont des cairns plus ou moins grands et mêlés de terre, formés de morceaux de pierre et souvent entourés de pierres levées hautes et minces, non pas en carré comme autour des tombeaux de steppe, mais en cercle. Parmi les pierres levées on trouve souvent des pierres sculptées; dans le groupe en question il y a aussi une inscription en partie effacée qui porte les caractères ordinaires des inscriptions de l'Iénisséi. Lors d'une exploration

Fig. 5. Tachabá, Tchaa-taz.

incomplète du tombeau qui portait cette inscription, le docteur Heikel y trouva un mors en fer, dix garnitures de courroies et des boucles en or etc. de formes tout- à -fait étrangères à l'âge du bronze. Au contraire, la coutume d'enterrer dans la steppe, les pierres levées avec des sculptures et des inscriptions, montrent un rapport avec l'âge du bronze, ce qu'il incombe à la science d'éclairer. Un pareil rapport avec l'âge de bronze paraît expliquer la présence de ces dessins sur les pierres tumulaires de Podkamen. On sait en outre que les Hakas sacrifiaient aux génies qui président aux rivières et aux prairies et que leurs prêtres s'appelaient *gankhoun*.

Parmi les dessins de ce genre, qui se trouvent relativement en grand nombre sur les murs de rochers voisins de Souliek, nous n'a-

.vons pu trouver aucun rapport caractéristique avec les types des peuples précédents. Le caractère d'une autre civilisation, que représentent les types de Souliek, peut difficilement s'expliquer par la donnée que les Hakas avaient six différents ordres d'officiers dans leur administration civile et militaire. Déjà la circonstance que tous les tireurs d'arc des types de peuples précédents lancent leurs flèches debout, tandis que les tireurs d'arc non à cheval, trouvés près de Souliek sont agenouillés (fig. 6), est digne d'être remarquée. Le costume

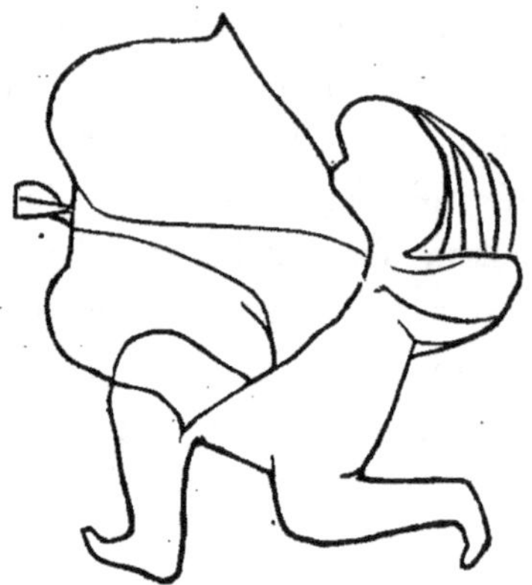

Fig. 6. Ak-Ious, Souliek.

chez eux est aussi léger et collant, les cavaliers (fig. 7) portent des bottes et ont des étriers, le carquois pend comme à l'ordinaire

Fig. 7. Ak-Ious, Souliek.

en Orient à la ceinture et les grandes flèches de fer sont faciles à reconnaître parmi les nombreuses flèches trouvées sur l'Iénisséi supérieur. On ne voit non plus aucune trace de vêtements longs. Un des cavaliers se retourne sur la selle à la manière des Scythes et lance sa flèche dans une direction opposée à la tête du cheval.

Un dessin tout- à -fait unique en son genre, au contraire, est celui d'un cavalier lourdement armé qui se trouve sur un mur de rochers près de Souliek et qui a déjà été publié [1]). Cuirassé depuis le cou jusqu'aux coudes et au cuisses, avec une plaque ronde sur

Fig. 8. Toubâ, Kolmakovo.

la poitrine, un arc et un carquois à la ceinture, et une masse d'armes dans la main droite, ce guerrier dirige sa lance ornée d'une petite flamme contre un tireur d'arc agenouillé. On peut conclure que ce dessin est de la même époque que les autres dessins de Souliek car la crinière du cheval est représentée de la même manière. Cette figure représente peut-être un guerrier chinois. Parmi les trouvailles faites en Sibérie il y a aussi des fragments de cuirasses, faites de morceaux d'os ayant la forme d'écailles de poisson et de plaques rectangulaires de fer ou d'os.

Parmi les antiquités trouvées on rencontre aussi parfois des objets pouvant nous éclairer sur les types de peuples en question. C'est ici que se rapporte, outre les figures copiées par M:r Radlow

---

[1]) *Inscriptions de l'Iénisséi*, fig 11.

(v. p. 7), une boucle de bronze qui se trouve au musée de Minousinsk sur laquelle paraît représenté un cavalier tenant une lance à la main et ayant un carquois à la ceinture (fig. 8), et une autre pièce du musée ethnographique de l'académie impériale des sciences de S:t Pétersbourg représentant un tireur d'arc[1]). Cette figure est excessivement caractéristique: un bonnet pointu, des pantalons, des bottes et une cuirasse faite probablement de plaques d'os. Cette figure porte à la ceinture un carquois et paraît tenir un bouclier rond à la main droite (fig. 9). Il est très probable que les recherches nous donneront dans l'avenir le plus prochain de plus nombreux matériaux de cette catégorie. Je n'ai pas même pu épuiser dans cette relation, de tous les matériaux recueillis par les expéditions finlandaises, ceux qui s'y rapportent; cette relation n'a pour but que d'éveiller l'intérêt pour une branche de l'archéologie comparée, qui de son côté aussi, serait en état d'éclairer les ténèbres des anciens temps du nord-ouest et du centre de l'Asie.

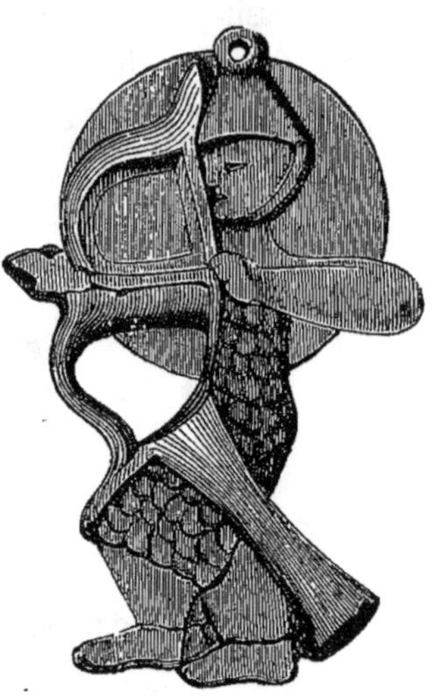

Fig. 9.   Barnaoul, Konlonndinskoïé.

---

[1]) Cmp. *J. R. Aspelin, Antiquités du Nord Finno-Ougrien*, fig. 327.

www.ingramcontent.com/pod-product-compliance
Lightning Source LLC
Chambersburg PA
CBHW051502060726
47596CB00007B/2886